« Les Canadiens étaient perçus comme des troupes
d'assaut. Chaque fois que l'ennemi voyait le Corps canadien
arriver en première ligne, il se préparait au pire. »

— Premier ministre britannique David Lloyd George

DE VIMY À LA VICTOIRE

LE COMBAT DU CANADA DURANT LA PREMIÈRE GUERRE MONDIALE

HUGH BREWSTER

Texte français de Claudine Azoulay

Éditions
SCHOLASTIC

C'EST UNE NUIT TRANQUILLE SUR LA CRÊTE DE VIMY, sans tirs

d'artillerie et sans fracas d'obus ennemis. Mais Will Bird a tout de même le moral à plat. Après une longue journée passée à installer des barbelés et à creuser des tranchées dans le froid, il n'a pas d'endroit où dormir. Puis une voix basse l'appelle dans l'obscurité. Will rampe jusqu'à elle et tombe sur deux soldats allongés dans un bivouac qu'ils ont creusé dans un ancien talus de voie ferrée. Ils l'invitent à se joindre à eux. Will s'empresse de se glisser sous la toile de sol fixée par-dessus l'abri à l'aide de piquets. Il s'endort en quelques secondes. Mais soudain, voilà que la toile est arrachée d'un coup et qu'il est tiré par une main ferme.

— Prends tes affaires, lui dit son frère Steve.

Will est très surpris de le voir.

— Pourquoi n'as-tu pas écrit à maman? lui demande-t-il, l'esprit embrouillé.

— Attends! Ne parle pas! répond son frère tout en lui faisant signe de le suivre.

Dans la lumière de l'aube, Will s'efforce de le suivre, mais il titube.

Ils ne tardent pas à se retrouver dans les ruines de bâtiments bombardés. Steve disparaît à un tournant, Will le suit, mais ne le trouve pas.

— Steve! crie-t-il.

Puis il se rappelle que son frère a été tué au combat, deux ans auparavant. Will ne peut pas croire qu'il l'a perdu à nouveau. Après s'être effondré sur son havresac, épuisé, il sombre dans un profond sommeil. Peu de temps après, quelqu'un le secoue.

— Il est ici! crie son ami Tommy.

— Qu'est-ce qui se passe? demande Will.

— Tu ne sais donc pas qu'un gros obus est tombé dans ce bivouac? répond Tommy. Ils ont creusé tout autour et n'ont trouvé que le casque de Jim et une des jambes de Bob.

Le sergent de Will, puis un officier arrivent et lui demandent :

— Qu'est-ce qui t'a fait sortir de ce bivouac?

Will leur raconte comment le fantôme de son frère lui a sauvé la vie. Une fois son récit terminé, l'officier lui dit doucement :

— Tu as vécu une expérience merveilleuse.

(À droite) Un tableau de Paul Nash rend l'atmosphère des tranchées la nuit. (Ci-dessus) Will Bird était un simple soldat de 25 ans, d'Amherst en Nouvelle-Écosse, qui était dans le régiment Black Watch du Canada. Son frère Stephen est mort en 1915. Stephen a dit un jour à Will :
« Si je ne reviens pas, je trouverai peut-être un moyen de venir murmurer à ton oreille. »

« Pendant que les canons retentissaient, ils enjambaient les sacs [de sable] – des hommes du Cap-Breton, des fils de Nouvelle-Écosse et du Nouveau-Brunswick, des Canadiens français et des habitants de l'Ouest – tous des Canadiens [...] Ce fut la victoire la plus spectaculaire [...] et le Canada peut être fier de cet exploit. »

— Sergent Percy Willmot

À l'aube, le 9 avril 1917, les Canadiens sortent de leurs tranchées (à gauche) et avancent à travers les barbelés ennemis (ci-dessous). En quelques heures, ils atteignent le sommet de la crête de Vimy (ci-contre).

À L'ASSAUT DE LA CRÊTE DE VIMY

Les canons commencent à retentir avant l'aube, le lundi 9 avril 1917, annonçant le début de l'attaque sur la crête de Vimy. Les quatre divisions du Corps canadien se préparent depuis des mois en vue de cette journée. Mais Will Bird n'y sera pas. Atteint des oreillons, il se trouve dans la tente d'un hôpital derrière les lignes. Il voudrait vraiment être avec son peloton… et pourtant, le fait d'avoir les oreillons lui a sans doute sauvé la vie. Parmi les 722 hommes de son unité, le 42e Bataillon de la 3e Division, 302 hommes seront tués ou blessés durant l'attaque contre ce redoutable bastion ennemi.

Malgré de lourdes pertes, les nombreuses semaines de planification minutieuse portent leurs fruits. À midi, en ce lundi de Pâques, presque toute la crête de Vimy est entre les mains des Canadiens. Après un combat féroce, le point le plus haut de la crête, la côte 145, est pris le soir même et les bois situés en contrebas le sont aussi, tôt le lendemain matin. Deux jours plus tard, sur une autre colline appelée le « Pimple » (ou le bourgeon), le dernier bastion allemand est capturé.

Depuis les hauteurs de la crête détruites et calcinées, les Canadiens contemplent la paisible plaine de Douai, parsemée de fermes en pierre et d'arbres qui reverdissent. À l'horizon, ils aperçoivent d'énormes pyramides noires, qui sont en fait des crassiers, situées à l'extérieur de Lens, une ville minière qui exploite le charbon. Personne ne sait encore qu'à cet endroit aura lieu un autre affrontement sanglant avec l'ennemi.

The Rose of
No Man's Land

Words by Jack Caddigan
Music by James A. Brennan

PATRIOTIC
WAR EDITION
To Co-operate with the
Government and to conserve paper during the
War, this song is issued
in a smaller size than
usual. Your co-operation will be very much
appreciated.

Published by LEO FEIST, inc. Feist Building, New York

« **Au milieu de la grande malédiction de la guerre se trouve l'infirmière de la Croix-Rouge; elle est la rose du** *no man's land.* »

(À gauche) La partition d'une chanson populaire au sujet des infirmières militaires.
(Ci-dessus) À un poste de secours, une infirmière porte un chien qu'un groupe de soldats lui a donné.
(Ci-contre) Deux infirmières soignent un soldat blessé qu'on envoie par train vers un hôpital en Angleterre.

UNE VICTOIRE COÛTEUSE

Malgré des défis insurmontables, les Canadiens remportent la plus grande victoire du front Ouest en prenant à la crête de Vimy plus de terrain, plus de prisonniers et plus de canons que n'importe quelle autre attaque alliée à ce jour. Le Corps canadien reçoit beaucoup d'éloges et on salue cette réussite comme la victoire qui a fait du Canada une nation. Mais le coût humain est élevé. En quatre jours de combat, 3 598 hommes ont été tués et 7 004 autres ont été blessés. Le 9 avril 1917 demeure le jour le plus sanglant de notre histoire militaire. À sa sortie de l'hôpital, Will Bird reconnaît à peine son peloton, car nombre de ses amis ont été tués ou blessés sur la crête.

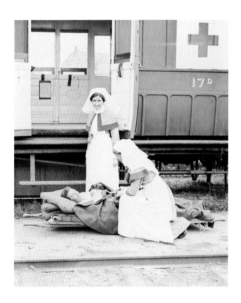

« Les blessés ont tout simplement rempli les hôpitaux des environs à tel point qu'ils débordent », écrit l'infirmière Clare Gass, de Shubenacadie, Nouvelle-Écosse, dans son journal le 15 avril 1917. Elle note que de nombreuses blessures sont à « fendre le cœur » et que certains patients meurent à cause des gaz toxiques. Clare est l'une des 2 800 infirmières militaires qui ont servi dans le Corps de santé royal canadien, le plus souvent dans des hôpitaux de campagne situés sur la ligne de front. Cinquante-trois infirmières canadiennes mourront en service durant la guerre.

« UN DRÔLE D'OISEAU »

« Arrêtez ça! ordonne Grace Macpherson. Personne ne monte dans mon ambulance en gémissant ainsi! » L'infirmière Grace travaille sans relâche à transporter les soldats blessés de la crête de Vimy à l'hôpital d'Étaples. Et elle sait que si elle montre de la compassion, les blessés, et elle-même, se sentiront encore plus mal. Parfois, les passagers lui disent : « Vous êtes un drôle d'oiseau ». En effet, ils ont de la difficulté à croire que c'est une femme qui est au volant.

Grace n'a que 22 ans lorsqu'elle annonce à sa famille à Vancouver qu'elle part en France pour participer à l'effort de guerre. Elle prend un bateau pour Londres en août 1916 et se rend au quartier général canadien pour offrir ses services. Là, les officiels lui disent que le front Ouest n'est pas une place pour une femme. « Je m'y rendrai avec ou sans votre aide », répond-elle. Quelques mois plus tard, elle apprend qu'on accepte les femmes pour conduire les ambulances puisqu'on a besoin des hommes au front. Après son arrivée en France, elle apprend rapidement à régler un moteur et à réparer une crevaison, de même qu'à porter des civières et à donner les premiers soins. Quand Étaples est bombardée en 1918, elle remplit son ambulance de blessés, les transporte à l'hôpital, puis retourne en chercher d'autres. Un homme a dit de Grace Macpherson qu'elle était « la plus brave de tous ».

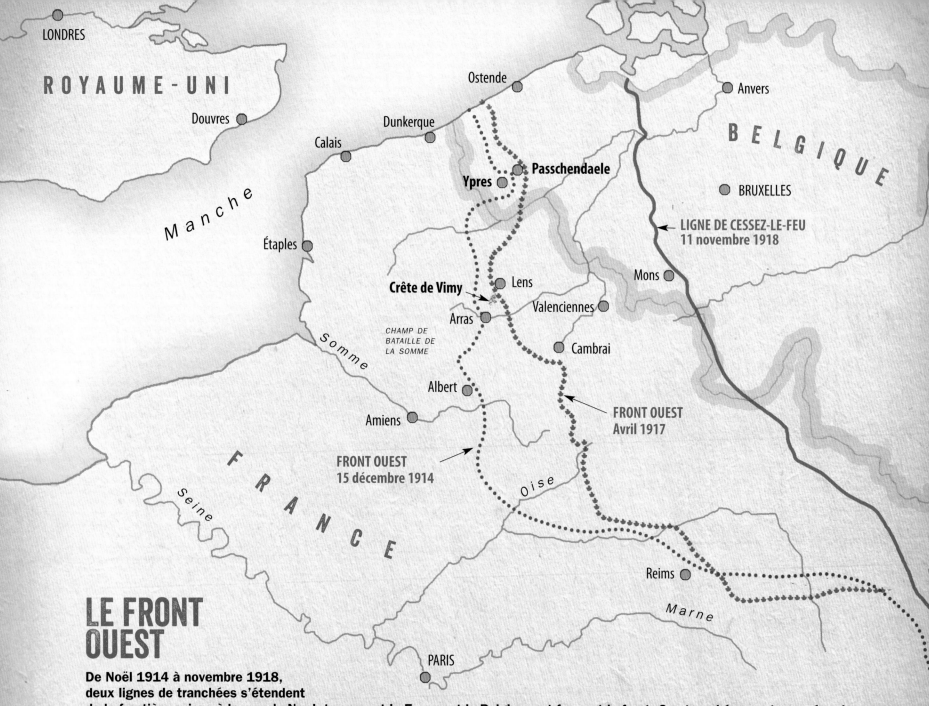

ROYAUME-UNI

LONDRES

Douvres

Manche

Calais

Étaples

Dunkerque

Ostende

Anvers

BELGIQUE

Ypres

Passchendaele

BRUXELLES

LIGNE DE CESSEZ-LE-FEU
11 novembre 1918

Crête de Vimy

Lens

Valenciennes

Mons

Arras

CHAMP DE
BATAILLE DE
LA SOMME

Cambrai

Somme

Albert

Amiens

FRANCE

FRONT OUEST
Avril 1917

Seine

FRONT OUEST
15 décembre 1914

Oise

Reims

Marne

PARIS

LE FRONT OUEST

**De Noël 1914 à novembre 1918,
deux lignes de tranchées s'étendent
de la frontière suisse à la mer du Nord,** traversant la France et la Belgique, et forment le front. Ces tranchées sont creusées dans
le sol, puis fortifiées avec des sacs de sable et de la tôle ondulée. Entre les deux lignes qui s'affrontent, s'étend une bande de
terre mesurant de 12 à 30 mètres de large (ou parfois plusieurs centaines de mètres), appelée le *no man's land*. Comme l'a écrit
un soldat albertain en 1917 : « Il n'y a pas un seul pied carré du *no man's land* qui ne soit pas gorgé de sang ami ou ennemi. »

LE PREMIER COMMANDANT CANADIEN

« Personne n'est aussi conscient que moi de la tâche ardue qui m'attend [...] », écrit le lieutenant-général Currie dans son journal, à la fin juin 1917. À 41 ans, Arthur Currie reçoit le commandement des quatre divisions canadiennes. Pour la première fois, les 100 000 hommes du Corps canadien sont commandés par un Canadien. On dit de son prédécesseur britannique, le lieutenant-général Julian Byng, qu'il a fait de ses « gars indisciplinés des colonies » la force de frappe la plus efficace sur le front Ouest. « Bungo » Byng est très aimé de ses soldats, contrairement à ce lieutenant-général corpulent à l'air distant et guindé. On le surnomme « Guts and Gaiters » (des tripes et des guêtres).

Cependant, Arthur Currie est populaire auprès de ses officiers parce qu'il leur demande leur avis durant la planification minutieuse des batailles et des opérations. Et ils le respectent aussi parce qu'il essaie toujours d'éviter des pertes de vie inutiles. Les officiers remarquent qu'Arthur Currie utilise des obus d'artillerie plutôt que des hommes pour atteindre ses objectifs. Ainsi, quand on lui demande, en juillet, de monter une attaque frontale sur la ville de Lens, il n'est pas content. « Si nous devons nous battre, autant que ce soit pour quelque chose qui en vaille la peine », dit-il.

(En haut) Un portrait de Sir Arthur Currie peint en 1919.
(En bas) Currie élabore un plan de bataille avec ses officiers sur le front en 1917.

LA CÔTE 70 : LA BATAILLE LA PLUS DURE

Arthur Currie sait qu'un assaut direct sur Lens sera meurtrier. Dans les ruines de la ville, l'ennemi attend d'embusquer ses hommes. Il suggère donc que les Canadiens prennent plutôt une colline, nommée côte 70, située au nord. Une fois qu'ils auront capturé ce terrain surélevé, les Allemands seront obligés de sortir de Lens pour contre-attaquer et les artilleurs canadiens pourront leur tirer dessus dans ce qu'Arthur Currie appelle « le champ de la mort de l'artillerie ».

Comme à Vimy quatre mois plus tôt, l'assaut sur la côte 70 débute par un bombardement d'artillerie intensif dans l'obscurité, avant l'aube. Des barils de pétrole enflammé sont ensuite lancés sur les lignes ennemies pour créer un écran de fumée. Une fois que les gros canons ont pilonné les barbelés et les tranchées ennemies, les soldats avancent par vagues sur la côte de craie peu élevée et broussailleuse. Certains parviennent facilement jusqu'à leur cible, tandis que d'autres sont pris dans des échanges de coups de feu ou obligés de combattre corps-à-corps avec des couteaux et des baïonnettes. Ceux qui parviennent au sommet de la côte font face à une résistance des plus féroces de la part des mitrailleurs ennemis en contrebas.

Mais Arthur Currie a préparé 250 équipes de mitrailleurs. Quand

Plus de 200 canons se mettent à tirer à 4 h 25, le 15 août 1917, tandis que 5 000 Canadiens prennent d'assaut la côte 70.

(Ci-dessus, à gauche) Pendant que les Canadiens traversent l'écran de fumée, les tirs de 300 Allemands tapis dans une carrière de craie ralentissent leur progression. (Ci-dessus, à droite) Des soldats s'abritent dans une tranchée ennemie capturée.

les premières contre-attaques ennemies débutent à 8 h 15 ce matin-là, les Canadiens ripostent par une grêle d'obus. Au cours des trois jours suivants, les Allemands montent attaque après attaque et le *no man's land* est couvert de cadavres. Un porteur de civière s'exclame : « Ce n'est pas la guerre, ça… c'est une tuerie! » Pour forcer l'ennemi à sortir de Lens, les hommes d'Arthur Currie lancent en chandelle des obus de phosgène meurtrier. Les Allemands répliquent avec du gaz moutarde, un nouveau gaz encore plus destructeur qui cause des cloques sur la peau, rend aveugle et entraîne une mort lente. Ils chargent aussi les Canadiens avec des lance-flammes… mais sont repoussés malgré tout.

Alors qu'il rassemble ses hommes dans une tranchée à l'avant, un jeune officier originaire de la ville de Québec, Okill Learmonth, se tient debout sur les sacs de sable et attrape dans ses mains les grenades ennemies, puis il les relance sur les Allemands. Son corps est bientôt si criblé d'éclats d'obus qu'il s'effondre au fond de la tranchée, et pourtant, il continue à donner des ordres malgré ses nombreuses blessures. Finalement, deux de ses hommes le transportent vers un poste de secours, mais il insiste pour faire d'abord un rapport complet à ses commandants. Il mourra plus tard cette journée-là et on lui remettra, à titre posthume, la Croix de Victoria, la plus haute distinction de l'Empire britannique décernée pour bravoure.

Okill Learmonth

Le 18 août, à l'aube, les hommes du major Learmonth comptent parmi ceux qui repoussent la 21e et dernière contre-attaque allemande, et la bataille pour la côte 70 est terminée. Le Corps canadien perd plus de 5 000 hommes, mais du côté allemand, c'est un bain de sang avec plus de 20 000 victimes. C'est « la bataille la plus dure à laquelle le Corps canadien a pris part » commentera Arthur Currie.

L'ATTAQUE DE LENS

« La vie dans les défenses souterraines de Lens, c'est tout simplement l'enfer », dira un prisonnier allemand aux Canadiens qui l'ont capturé. Pourtant, malgré le pilonnage incessant des obus d'artillerie, les Allemands refusent obstinément de se retirer de la ville en ruine. Arthur Currie décide de les y forcer. Il planifie une attaque sur Lens qui doit débuter à 4 h 35, le 21 août, mais environ dix minutes avant l'attaque, les Allemands chargent à la baïonnette. Alors, comme l'écrira un soldat canadien : « Une bataille en règle a eu lieu. À force de bombardements et de combats à la baïonnette, nous avons lentement repoussé l'ennemi ». Toutefois, à la périphérie de la ville, d'autres soldats ennemis se cachent dans des caves et des ruelles. Il s'ensuit une lutte sinistre de maison en maison. À la fin de la journée, les Canadiens sont obligés de battre en retraite avec 1 154 hommes en moins.

Ses troupes étant fatiguées et réduites, Arthur Currie aurait dû se rendre compte qu'il était impossible de s'emparer de Lens. Mais le major général David Watson, de la 4e Division, le persuade de laisser son 44e Bataillon, une unité du Manitoba, monter un autre assaut. À 3 heures du matin, le 23 août, les Manitobains attaquent derrière un barrage roulant. Certains d'entre eux réussissent à déloger les soldats ennemis d'un immense crassier appelé la fosse

Soldat Harry Brown

« MESSAGE IMPORTANT! »

Alors qu'une autre contre-attaque débute le 16 août, les hommes du 10e Bataillon d'infanterie canadienne ont désespérément besoin d'une puissance de feu de la part des artilleurs à l'arrière. Mais les fils de leurs téléphones de campagne ont été gravement endommagés par les tirs d'obus ennemis. Le soldat Harry Brown, un garçon de ferme de 19 ans, originaire de Gananoque, Ontario, se porte volontaire avec un autre coureur pour livrer le message au quartier général de la compagnie.

Alors que les deux jeunes hommes s'élancent à toute allure, des armes ennemies ouvrent le feu. Le compagnon de Harry est tué, mais le jeune homme continue à courir malgré son bras déchiqueté. Ensanglanté, il arrive finalement au poste de commandement et tombe dans les bras d'un officier. Il réussit à murmurer : « Message important! » avant de s'effondrer tenant toujours la note dans sa main. Harry Brown mourra le lendemain, mais son geste a sauvé la vie de centaines de Canadiens. À titre posthume, il recevra la Croix de Victoria. Il sera l'un des six soldats de la côte 70 à obtenir cette médaille, dont deux seulement seront encore en vie pour la voir.

Saint-Louis, tandis qu'un deuxième groupe s'empare d'une autre montagne de déchets de charbon appelée le Crassier vert. Peu de temps après, toutefois, les hommes du 44e Bataillon se retrouvent coincés sur les hauteurs avec de moins en moins de munitions. À la fin du 24 août, le Crassier vert est perdu et les survivants de la fosse Saint-Louis essaient désespérément de s'enfuir. Ce deuxième assaut a fait 258 victimes et Lens est toujours aux mains de l'ennemi. Arthur Currie décide d'abandonner.

Malgré les 9 198 hommes tués ou blessés, l'opération de la côte 70/Lens est considérée comme une autre victoire canadienne. Les Allemands seront obligés d'envoyer des troupes vers Lens, les détournant ainsi du combat féroce mené plus au nord, à Passchendaele, près d'Ypres, en Belgique – à la grande satisfaction des commandants britanniques. Bientôt, ceux-ci demanderont aux Canadiens de les rejoindre dans ce lieu meurtrier.

(Ci-dessus) Après les bombardements, la ville de Lens est réduite à un amas de ruines.
(Ci-dessous) Les *flammenwerfers* allemands pouvaient lancer des flammes de 20 mètres de long.

UNE VILLE ANÉANTIE

« On n'entendait rien d'autre que le martèlement régulier des pas sur la route », écrira Will Bird en parlant des milliers d'hommes marchant vers le nord, en direction d'Ypres, au début d'octobre 1917. Aucun d'entre eux n'a envie d'y aller. Les amis de Will maudissent ce lieu et savent que c'est un endroit où ils risquent d'être anéantis. Arthur Currie non plus ne veut pas aller au saillant d'Ypres. Il sait que des milliers de Britanniques et d'Australiens y ont déjà péri en essayant de prendre la crête de Passchendaele. « Que les Allemands la gardent! dit Currie avec colère à son état-major. Qu'ils pourrissent dans la boue! Cet endroit ne vaut pas une goutte de sang! » Il affirme au commandant en chef britannique, le feld-maréchal Sir Douglas Haig, qu'il perdra 16 000 Canadiens s'ils doivent aller se battre là-bas.

Haig lui répond avec fermeté : « Nous devons prendre Passchendaele. Un jour, je vous expliquerai pourquoi. »

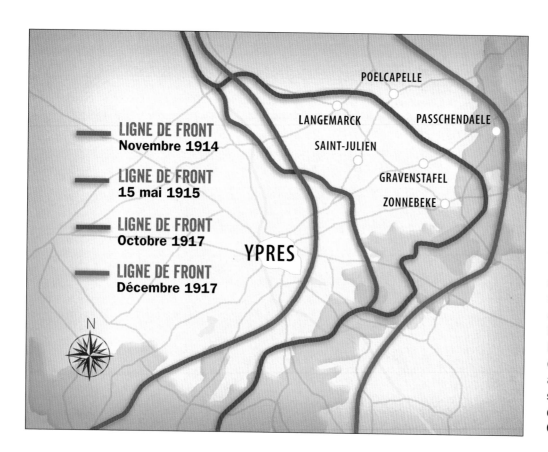

LIGNE DE FRONT
Novembre 1914

LIGNE DE FRONT
15 mai 1915

LIGNE DE FRONT
Octobre 1917

LIGNE DE FRONT
Décembre 1917

POELCAPELLE
LANGEMARCK
PASSCHENDAELE
SAINT-JULIEN
GRAVENSTAFEL
ZONNEBEKE
YPRES

N

LE SAILLANT D'YPRES

Une butte en forme de U présente dans les lignes de tranchées des Flandres est appelée le saillant d'Ypres. C'est un lieu de combats intenses pendant toute la guerre, puisque s'il est perdu, l'ennemi pourra s'emparer de ports vitaux sur la Manche. En novembre 1914, les forces alliées empêchent les Allemands de prendre Ypres, bien que cela leur coûte plus de 100 000 victimes. En avril 1915, plus de 6 000 Canadiens sont tués ou blessés lors de la 2e bataille d'Ypres, où ils font face à la première attaque au gaz toxique. Une offensive britannique contre la crête de Passchendaele, appelée la 3e bataille d'Ypres, débute le 31 juillet 1917, mais à la mi-octobre, la plupart des avancées sont perdues. Les Britanniques, démoralisés, se tournent alors vers les Canadiens pour obtenir de l'aide.

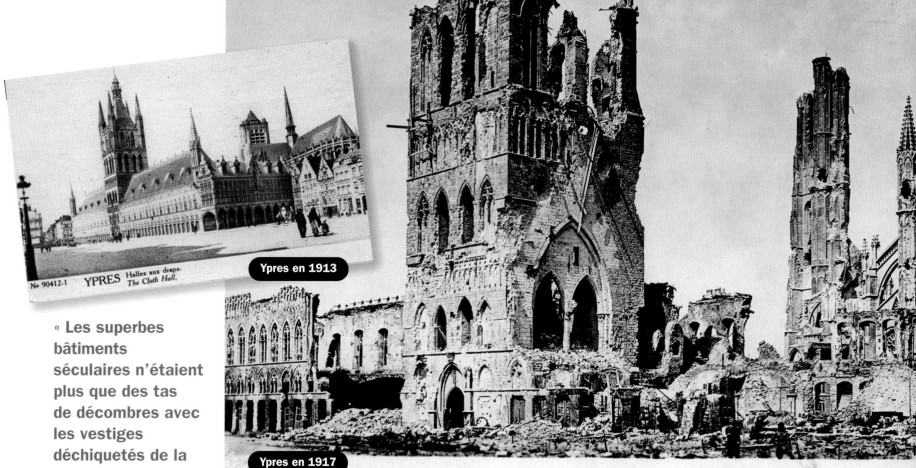

YPRES Halles aux draps. The Cloth Hall. No 90412-1

Ypres en 1913

Ypres en 1917

« Les superbes bâtiments séculaires n'étaient plus que des tas de décombres avec les vestiges déchiquetés de la Halle aux draps et des tours de la cathédrale qui se détachaient comme des monuments austères, témoins du pouvoir destructeur de la guerre moderne. »

– Lieutenant-colonel Agar Adamson, Princess Patricia's Canadian Light Infantry

Le feld-maréchal Sir Douglas Haig (à droite) met sa carrière en jeu en effectuant une percée dans le saillant d'Ypres. Son plan est de s'emparer de la crête de Passchendaele, puis d'avancer vers le nord dans le but de prendre des bases de sous-marins situées sur la côte belge. Il croit que cela permettra peut-être même de briser la détermination de l'ennemi et de gagner la guerre. Le lieutenant-général Arthur Currie (à gauche) ne peut pas défier les ordres de Haig qui veut amener les Canadiens à Ypres, mais il réussit à lui soutirer quelques concessions. Arthur Currie refuse catégoriquement de rendre compte de ses actions au général William Gough, le commandant britannique qui a échoué dans l'offensive de Passchendaele. Il demande aussi du temps pour élaborer des plans avec la même minutie qui a assuré la victoire à Vimy.

« Trente hommes ont essayé de tirer un canon [...] La boue adhérait aux roues comme de la colle [...] Souvent, nous nous enfoncions [...] jusqu'à ce que la boue gluante nous arrive à la taille. La seule chose solide sous nos pas était un cadavre recroquevillé et nous avons trébuché sur cinq ou six d'entre eux durant la matinée. » – Will Bird

UN COMBAT DANS UNE MER DE BOUE

Arthur Currie est choqué par la désolation du champ de bataille de Passchendaele : un vrai bourbier. Le bombardement des ruisseaux et des fossés de drainage a transformé la zone en un paysage lunaire boueux et troué de cratères remplis d'eau souillée. La puanteur de la mort est partout. Arthur Currie se met immédiatement au travail. Il veut construire des passages en planches à travers la boue dans le style des routes en rondins des pionniers canadiens. Les Britanniques ridiculisent son idée et disent qu'il n'y a pas de planches disponibles. Arthur Currie obtient la permission de couper des arbres dans une forêt et installe une scierie où ses hommes fabriquent leurs propres planches. En peu de temps, les ingénieurs canadiens fabriquent des allées de caillebotis à travers le bourbier et construisent même une voie ferrée de campagne afin de transporter les hommes et les approvisionnements. En huit jours seulement, un certain ordre commence à émerger du chaos.

Le 23 octobre, le lieutenant-général Currie est prêt à présenter ses plans de bataille au feld-maréchal Haig. Il propose de prendre la crête de Passchendaele en quatre attaques : les 3e et 4e Divisions avanceraient les 26 et 30 octobre afin de dégager le terrain en vue de la prise de la crête par les 1re et 2e Divisions prévue les 6 et 10 novembre. Haig est très satisfait du plan de Currie, mais celui-ci lui fait promettre que les Canadiens pourront partir dès que la crête de Passchendaele sera prise. « Le Canada est prêt à perdre ses fils dans une grande offensive, dit-il, mais il ne tolérera pas que leurs vies soient gaspillées. »

(Ci-contre) L'artiste de guerre Alfred Bastien a peint des canonniers canadiens en train d'essayer de déplacer une grosse pièce d'artillerie dans la boue à Passchendaele. (Ci-dessous, à gauche) Des soldats utilisent des caillebotis pour aménager un passage dans la boue. (Ci-dessous, à droite) Une voie ferrée de campagne permet de transporter des approvisionnements jusqu'au front.

DES CASEMATES MEURTRIÈRES

Le bruit du bombardement d'artillerie qui amorce l'offensive canadienne tôt le 26 octobre est si intense qu'un soldat déclarera : « J'ai eu l'impression que ma poitrine se déchirait. » Alors que les hommes des 3e et 4e Divisions sortent de leurs trous d'obus dans la lumière brumeuse de l'aube, l'artillerie allemande ouvre le feu. La plupart des obus atterrissent sur le sol, soulevant des geysers de boue. Le feu des mitrailleuses qui sort des

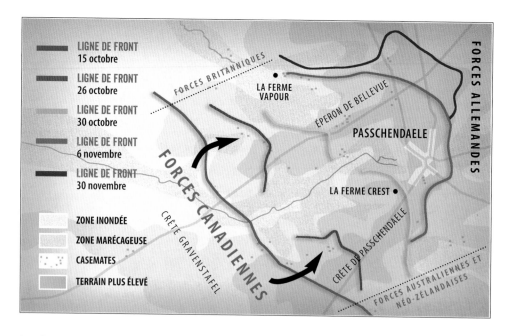

Le champ de bataille étant inondé, Arthur Currie doit diviser ses forces en deux. Le 26 octobre, la 3e Division escaladera un monticule appelé l'éperon de Bellevue, tandis que la 4e Division gravira la crête de Passchendaele.

fortifications en casemates de béton que les Allemands ont construites en damier à travers tout le champ de bataille est encore plus meurtrier.

Alors que les hommes de la 3e Division gravissent l'éperon de Bellevue, des tirs intenses en provenance des casemates les fauchent et les forcent à battre en retraite. Toutefois, un peloton des Cameron Highlanders de Winnipeg se cramponne à ses positions récemment gagnées en tenant l'ennemi à distance à l'aide de ses mitrailleuses. Comprenant que ses hommes seront bientôt encerclés, le lieutenant Robert Shankland des Cameron recule en se faufilant afin d'aller chercher des renforts. Le capitaine Christopher O'Kelly du 52e Bataillon, un autre homme de Winnipeg, reçoit l'ordre d'aider Shankland. Alors que O'Kelly et ses hommes gravissent l'éperon, ils repèrent des soldats ennemis qui se dirigent vers les Cameron. Le groupe de O'Kelly attaque et met les Allemands en déroute, puis détruit six casemates qui bloquent l'avancée. Avant la nuit, ils captureront 21 mitrailleuses et feront 284 prisonniers. O'Kelly et Shankland recevront tous les deux la Croix de Victoria pour leurs actions.

Malgré cet héroïsme, la 3e Division ne réussit à avancer que de quelques centaines de mètres sur l'éperon de Bellevue ce jour-là. Plus au sud, la 4e Division rapproche d'un kilomètre la ligne de front de Passchendaele. Le feld-maréchal Haig télégraphie au lieutenant-général Currie pour lui dire que la performance de ses hommes a été « remarquable ». Mais, pour gagner moins d'un kilomètre de terrain boueux, 2 871 Canadiens ont été tués ou blessés.

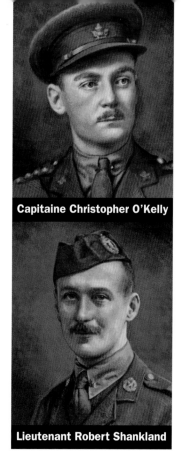

Capitaine Christopher O'Kelly

Lieutenant Robert Shankland

Soldat Tommy Holmes

« DU COURAGE PUR ET SIMPLE »

Des tirs de canon en provenance d'une casemate allemande, appuyés par deux nids de mitrailleuses, obligent les hommes du 4e bataillon du Canadian Mounted Rifles à courir se mettre à l'abri le 26 octobre. « Nos gars tombaient pas mal vite quand je me suis dit qu'il était grand temps de faire taire les mitrailleuses », se souviendra le soldat Tommy Holmes, un jeune homme fougueux de 19 ans, originaire d'Owen Sound, Ontario. Une grenade dans chaque main, Tommy Holmes court vers les mitrailleuses alors que les balles trouent le sol autour de lui. Se glissant dans un trou d'obus, il attend pendant que les artilleurs allemands rechargent, puis il avance en rampant et lance ses deux grenades avec une telle précision qu'il fait sauter les deux mitrailleuses. Ensuite il retourne chercher d'autres grenades et fonce sur la casemate. En se précipitant derrière le bâtiment, il lance sa grenade dans la fente de tir. Une énorme explosion s'ensuit, puis 19 Allemands, assez chanceux pour avoir survécu à l'explosion, sortent les mains en l'air. Un des compagnons de peloton de Tommy Holmes dira : « Comme exemple de courage pur et simple, c'est difficile de faire mieux. » Le roi George V épinglera la Croix de Victoria sur la poitrine de Tommy Holmes. Il est l'un des plus jeunes Canadiens à avoir reçu la médaille convoitée.

LE DEUXIÈME ASSAUT SANGLANT

Pour la deuxième attaque, le 30 octobre, l'objectif d'Arthur Currie est de rapprocher ses troupes d'un kilomètre des abords de Passchendaele. Alors que les gros canons commencent à faire feu à 5 h 50 du matin, le major George Pearkes fait signe aux hommes du 5e bataillon du Canadian Mounted Rifles de sortir de leurs tranchées et de le suivre. Soudain, il est plaqué au sol. Des éclats d'obus ont transpercé sa cuisse gauche. « Cette fois-ci, ils m'ont eu », pense-t-il.

Plusieurs de ses hommes le pressent de faire demi-tour pour se faire soigner, mais le major Pearkes, un Albertain, ancien membre de la Gendarmerie royale, se dit : « Il faut que je continue [...] blessé ou pas. » Il s'efforce de se relever et avance en boitant pendant que ses hommes tombent derrière lui. Ils ont pour ordre de capturer la ferme Vapour sur le flanc gauche de l'attaque. Sous de violents tirs de mitrailleuses et d'obus, le major Pearkes, tout ensanglanté, mène ses hommes sur plusieurs centaines de mètres de terrain boueux.

En atteignant la ferme Vapour, ils chargent à la baïonnette et maîtrisent les mitrailleuses ennemies cachées dans des meules de foin devant la ferme en ruine. Les hommes du major Peakes ont désormais avancé plus qu'aucune autre force canadienne, mais ils ne sont plus

Major George Pearkes

(Ci-contre) Des soldats canadiens se terrent dans les trous d'obus de Passchendaele. (Ci-dessous) Dans une tranchée, deux soldats lâchent un pigeon voyageur qui transportera un message jusqu'au quartier général.

qu'une quarantaine et ils risquent d'être encerclés et anéantis. Le major Pearkes attache une note *Besoin de renforts* à un pigeon voyageur et l'envoie au quartier général. Ses hommes s'abritent dans les multiples trous d'obus et parviennent à contenir les attaques ennemies jusqu'à ce que l'aide arrive le soir même. « Nos hommes ne peuvent pas être vaincus », écrira le major Pearkes dans une lettre à sa mère alors qu'il est dans un hôpital de campagne. Le major Pearkes recevra la Croix de Victoria pour avoir mené l'une des actions en petit groupe les plus courageuses de la guerre. « Je l'aurais suivi à travers l'enfer », dira l'un de ses soldats.

La nuit du 30 octobre, les Canadiens se sont presque emparés de Passchendaele. La 3e Division se trouve en terrain plus sec sur l'éperon de Bellevue. Au sud, le 85e Bataillon, les Highlanders de Nouvelle-Écosse, combat aux abords de Passchendaele, tandis que le 72e Bataillon de Vancouver déloge les Allemands de la ferme Crest, à seulement 100 mètres du village. Pourtant, 1 429 hommes sont blessés ce jour-là et 884 sont tués, soit un homme sacrifié pour chaque mètre de terrain conquis.

« HUGHIE, C'EST UN SUICIDE. »

On disait qu'un jour Talbot Papineau serait le premier ministre du Canada. Orateur et écrivain de talent, l'officier de 34 ans est également beau, charmant et athlétique. Petit-fils de Louis-Joseph Papineau, le chef de la Rébellion du Bas-Canada en 1837, Talbot Papineau grandit à Montebello, dans la propriété de campagne familiale où il parle anglais avec sa mère américaine et français avec son père. Il fréquente l'Université McGill et reçoit ensuite une bourse Rhodes pour

HAMILTON D. I.   WILKS F
HAUGHN W. E.   WILSON H
         WILSON N.
PRINCESS PATRICIA'S
    MAJOR   SER
PAPINEAU T. M. M.C. COTE P.
                     DEDMAN
    CAPTAIN   HAWKE H
DENNISON H. S.   HUBBAR
MORRIS W. H. M.C.   JOHNST
                    LININGT
    LIEUTENANT   MARSH

étudier à Oxford. Quand la guerre éclate en 1914, il s'enrôle dans le régiment Princess Patricia's Canadian Light Infantry et reçoit la Croix militaire pour bravoure en février 1915. Plus tard, la même année, on l'envoie à l'hôpital pour épuisement au combat et en 1916, on lui donne un poste à l'état-major, derrière les lignes de front.

Pendant qu'il travaille au quartier général canadien en France, il écrit une lettre ouverte à son cousin, Henri Bourassa, porte-parole important du mouvement antiguerre. Dans cette lettre, Papineau dit que les Canadiens français et anglais qui meurent ensemble à la guerre permettent de « cimenter les fondations d'une vraie nation canadienne ». La publication de cette lettre avec la réponse de Bourassa rend Papineau célèbre.

Mais en 1917, il se sent coupable de ne pas être sur les lignes de front. Il rejoint son régiment et le 30 octobre, il se prépare à mener ses hommes hors des tranchées de Passchendaele. Quand le barrage ennemi débute à 6 h du matin, Talbot Papineau se tourne vers le major Hugh Niven et lui dit : « Vous savez, Hughie, c'est un suicide. » Un instant plus tard, il est coupé en deux par un obus d'artillerie. Plus tard, on verra les jambes de Papineau ressortir de la boue, mais on ne retrouvera jamais son corps. Son nom, inscrit sur la Porte de Menin (ci-dessus) à Ypres, est son unique monument commémoratif. Pourtant, sa vie, bien que trop courte, sert de symbole pour tout ce que le Canada a perdu dans cette guerre qui devait être la « guerre qui mettrait fin à toutes les guerres »

Je suis mort en enfer (on l'appelait Passchendaele). Ma blessure était légère et je revenais en boitant; puis un obus a éclaté sur les caillebotis; je suis tombé dans la boue sans fond et les ténèbres m'ont englouti.

– Extrait de *Memorial Tablet*, un poème de Siegfried Sassoon, 1918

(À droite) Passchendaele tel qu'illustré par l'artiste C.R.W. Nevinson

LA POUSSÉE FINALE

Les Allemands envoient des renforts pour défendre jusqu'à la mort les décombres qui étaient auparavant le village de Passchendaele. Arthur Currie amène lui aussi des troupes fraîches des 1re et 2e Divisions et du 42e Bataillon de Will Bird. La nuit du 2 novembre, Will et 25 hommes reçoivent l'ordre d'effectuer un raid de nuit afin de prendre une casemate. « Toute cette affaire ne tenait pas debout, écrira plus tard Will. Personne ne connaissait le terrain. La nuit venue, l'endroit était un désert marécageux. » Will se fait assommer par un obus ennemi. Quand il reprend conscience, son ami Mickey McGillivary est allongé sur lui, couvert de boue. Toutefois, ils comptent parmi les rares survivants.

Le troisième assaut sur Passchendaele se passe mieux.

Il débute le matin du 6 novembre. « Les Canadiens ont attaqué de manière si soudaine que nous n'avons pas eu la chance d'utiliser nos canons », dira un prisonnier allemand à ceux qui l'ont capturé. En trois heures, la crête qui a coûté tant de vies est aux mains des Canadiens. Le 10 novembre, le quatrième assaut échoue lorsque les soldats britanniques situés sur l'extrême flanc gauche battent en retraite. Ils sont « complètement affolés » selon Arthur Currie. Les hommes du 10e Bataillon de Calgary sont alors entourés par le feu ennemi sur trois côtés. « Si les Canadiens peuvent tenir bon, ce sont des troupes remarquables », dira un soldat australien.

Les hommes de Calgary tiendront bon et, à la tombée de la nuit, la ligne de front sera sécurisée. En quelques jours,

(Ci-contre) La crête de Passchendaele après sa prise par les Canadiens. (Ci-dessus, à gauche) Deux soldats se tiennent sur une casemate ronde à moitié submergée. (Ci-dessus, au centre) Des prisonniers allemands aident à transporter une civière le long d'une voie ferrée de campagne. (Ci-dessus, à droite) Un autre prisonnier allemand aide un soldat canadien à enterrer un camarade tué. (Ci-dessous) Le peintre Fortunino Matania a intitulé ce tableau *Le dernier message*.

les Allemands battent en retraite et la bataille pour Passchendaele est terminée. Le feld-maréchal Haig tient sa victoire et son emploi est sauf, mais Arthur Currie écrit au premier ministre Robert Borden que « le coût était trop élevé ». Les pertes canadiennes s'élèvent à 15 654, un peu moins que les 16 000 prédites par Arthur Currie. À la bataille de Passchendaele, les pertes britanniques et du Commonwealth s'élèvent à 275 000 tandis que les pertes allemandes sont de 220 000. Cinq mois et demi plus tard, les Allemands redeviendront maîtres de la crête de Passchendaele.

Winston Churchill dira de la bataille de Passchendaele qu'elle était « d'une futilité sans pareille, terriblement onéreuse en courage et en vies humaines ». Pour les hommes qui ont combattu là, c'était l'enfer sur Terre. Will Bird écrira : « Chaque homme qui a subi Passchendaele ne sera plus jamais le même, devenant plus ou moins un étranger pour lui-même. »

« C'EST FINI POUR MOI. DIS-LE À MA MÈRE. »

Après la prise du village de Passchendaele, les obus allemands pleuvent sur les Canadiens. « Il y a eu une série de bombes fusées, se souviendra Will Bird. Alors que le dernier fracas à fendre l'âme a percuté mes oreilles, j'ai vu Mickey tournoyer, puis tomber. J'ai lâché Hughes et j'ai bondi vers Mickey. Il avait été frappé à plusieurs endroits et n'en avait plus pour longtemps. "Mickey, Mickey!" ai-je appelé. Je l'ai relevé et il s'est blotti contre moi comme un enfant. "C'est fini pour moi, a-t-il dit. De toute façon, je ne veux tuer personne. Dis-le à ma mère." Sa voix était tellement faible que je ne pouvais pas l'entendre, mais ses lèvres bougeaient encore. Le petit Mickey, au visage blême, je l'ai tenu dans mes bras jusqu'à ce que son corps se raidisse, puis je l'ai déposé sur le bord de la route [...] »

LE REGARD VAGUE ET FIXE

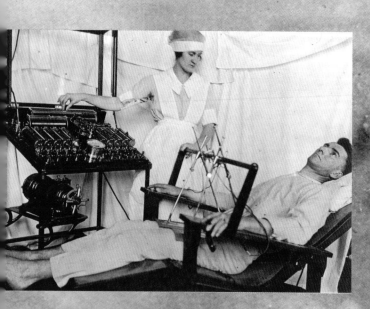

(À droite) Le regard fixe de ce soldat allemand est un des symptômes du traumatisme dû aux bombardements. Ce traumatisme a été diagnostiqué chez plus de 15 000 Canadiens. (Ci-dessus) Une infirmière administre des électrochocs à un patient qui souffre de ce traumatisme.

Au cours d'un bombardement fracassant à Passchendaele, un homme est projeté dans le trou d'obus de Will Bird. Alors qu'il relève ce soldat hors de la boue, Will remarque que l'homme « tremble comme s'il avait de la [fièvre] en poussant des cris inhumains. Le visage d'un autre soldat, note-t-il, est devenu comme de la pâte. De la bave s'écoulait de sa bouche. Je ne pouvais pas le regarder. »

Compte tenu des horreurs que Will et ses compagnons de guerre ont vécues, il n'est pas surprenant que certains d'entre eux aient souffert de ce que nous appellerions aujourd'hui le syndrome de stress post-traumatique (SSPT). Pourtant, il y a un siècle, personne ne savait en quoi consistait cet état. Au début de la guerre, les officiers avaient remarqué que, après une bataille, certains hommes avaient des mouvements convulsifs ou tremblaient de façon incontrôlable, perdaient la mémoire, paraissaient sourds ou muets, ou regardaient fixement dans le lointain. Au début, on a pensé que le bruit assourdissant des obus d'artillerie pouvait paralyser le cerveau; on a donc appelé cet état le « traumatisme dû aux bombardements ». Les bons officiers s'assuraient que les hommes qui présentaient des symptômes de traumatisme dû aux bombardements étaient envoyés dans des camps de repos ou des hôpitaux, mais d'autres pensaient que ces hommes étaient tout simplement peureux et avaient une attitude « indigne d'un homme ». Un médecin de l'armée canadienne a écrit que « le traumatisme dû aux bombardements est la manifestation de la puérilité et de la féminité ». Ces experts médicaux recommandaient parfois que ces soldats traumatisés soient soignés à l'aide d'électrochocs brutaux, de manière à ce qu'ils retournent au service le plus rapidement possible.

Certains soldats désespérés s'infligeaient eux-mêmes des blessures afin de sortir des tranchées. D'autres espéraient avoir une « bonne Blighty », une blessure qui n'était pas trop grave, mais nécessitait un séjour à l'hôpital en Angleterre (surnommée Blighty). D'autres encore devenaient déserteurs, un acte qui pouvait entraîner le pire des châtiments.

« **C'était le point du jour. Il tombait une pluie fine [...] Le prisonnier était assis sur une caisse, les mains attachées derrière le poteau. Le médecin avait épinglé un rond de papier blanc sur le cœur du condamné, en guise de cible pour les tireurs.** » — Chanoine Frederick Scott

FUSILLÉ À L'AUBE

L'aumônier militaire Frederick Scott est appelé pour donner la communion à un homme condamné à être fusillé par un peloton d'exécution à l'aube, le 18 octobre 1917. Cet homme est William Alexander, 37 ans, de Calgary, en service depuis septembre 1914 et promu au grade de sergent quartier-maître de compagnie. Toutefois, durant l'attaque sur la côte 70, le sergent Alexander a fui les combats et on l'a retrouvé plus tard dans un village voisin. Le chanoine Scott est bouleversé par cette rencontre avec le condamné et il tente de persuader les officiers supérieurs d'épargner cet homme. Toutefois, sa demande est refusée. « J'ai vu beaucoup de choses horribles à la guerre, écrit Scott, mais rien ne m'a fait comprendre aussi profondément le caractère abominable de la guerre que cette mort solitaire sur le coteau, au petit matin. »

William Alexander est l'un des 25 Canadiens qui ont été fusillés durant la Première Guerre mondiale : 22 pour désertion, 1 pour lâcheté et 2 pour meurtre. Le 11 décembre 2001, le gouvernement du Canada a présenté des excuses officielles aux familles des 23 hommes exécutés pour désertion ou lâcheté et a inscrit leurs noms dans les *Livres du Souvenir* de la Colline du Parlement.

Chanoine Frederick Scott

POUR GARDER LE MORAL

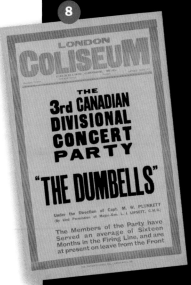

Alors qu'ils s'éloignent du saillant d'Ypres d'un pas lourd, sous le ciel gris de novembre, le moral des soldats canadiens est aussi lugubre que le temps. Ils sont salués comme les troupes d'assaut invincibles de l'armée britannique, mais ils ont vu leurs camarades déchiquetés dans une bataille futile pour conquérir un marécage. « L'année 1917 a été glorieuse pour le Corps canadien », déclare Arthur Currie et pourtant, beaucoup de ses hommes ne partagent pas son enthousiasme. Certains blâment même Arthur Currie pour le massacre, sans savoir combien il s'est efforcé d'éviter les pertes.

Les Canadiens retournent à la crête de Vimy. Durant l'hiver et le printemps 1917-1918, ils défendent le secteur du front Ouest Vimy/Lens/Arras. Arthur Currie demande des soldats frais, fait creuser de nouvelles tranchées et ordonne d'installer plusieurs kilomètres de barbelés. Il remonte aussi le moral de ses hommes en leur fournissant du repos, une meilleure nourriture et des loisirs. Les journées de sport et les parties de baseball réconfortent les soldats. Mais l'activité la plus populaire est la fête-spectacle pendant laquelle les soldats peuvent chanter, danser ou présenter des sketchs. Une troupe de soldats-artistes, les Dumbells, devient particulièrement populaire… et sera très célèbre après la guerre.

(Ci-dessus) Une partie de baseball entre des équipes de deux bataillons canadiens.

LES DUMBELLS

Le capitaine Merton Plunkett (1), d'Orillia, Ontario, aime diriger des chants militaires et on lui demande d'organiser un spectacle pour la 3e Division en 1917. Il réunit donc un groupe de soldats (2), dont son frère Al qui sait chanter et jouer la comédie, ainsi que Ivor « Jack » Ayre, qui jouait du piano dans des cinémas de films muets. Merton Plunkett baptise la troupe (3) d'après les haltères croisés qui sont l'emblème de la 3e Division.

« On a besoin de femmes pour faire un spectacle! » disent plusieurs soldats, mais puisqu'il n'y a pas de femmes au front, deux

hommes se proposent pour en incarner. À leur première représentation, à l'été 1917, le public reste sans voix quand le soldat Ross Hamilton joue le rôle de Marjorie (4) dans une robe faite main et portant une perruque en corde effilochée. Mais après son interprétation de « Hello, My Dearie » d'une voix de fausset convaincante, les acclamations fusent. Un autre soldat, Alan Murray, vole la vedette en incarnant Marie de Montréal (5).

Le premier spectacle des Dumbells est un franc succès et le groupe ne tarde pas à faire une tournée dans les camps militaires (6). Des actrices britanniques leur donnent des costumes pour les personnages féminins et des musiciens de différentes fanfares militaires les aident pour la musique. Les spectateurs chantent avec eux des airs comme « Oh! It's A Lovely War » et le « Dumbell Rag » de Jack Ayre, mais ce sont les parodies de la vie militaire qui sont les plus populaires. Ted Charters joue le rôle hilarant d'un prédicateur pontifiant faisant un sermon sur la revue de détail : « Car aucun homme ne sait quand la revue de détail lui pend au nez [...] » (7) Les Dumbells sont invités à se produire à Londres en 1918 (8) où ils jouent pour le roi et la reine. Après la guerre, la troupe fera des tournées dans des théâtres à travers toute l'Amérique du Nord et elle créera le premier spectacle canadien à être présenté sur Broadway (9).

> « Nous sommes au moment décisif de la guerre mondiale et à l'un des plus grands moments de l'histoire allemande. »
>
> – Le Kaiser Guillaume II dans un message à ses troupes avant l'offensive de mars

FAIT UNE PERCÉE

L'empereur allemand, le Kaiser Guillaume II

« En mars [...] on était tous nerveux », se souviendra un soldat canadien. Le Fritz sondait la force des différents fronts [...] il effectuait des raids de jour. [...] » Ce n'est un secret pour personne que les Allemands sont en train de planifier une grande offensive pour le printemps 1918. Leur récent traité de paix signé avec le nouveau gouvernement bolchévique, qui a pris le pouvoir en Russie, permet aux Allemands de déplacer des milliers d'hommes du front Est vers le front Ouest. Et sachant que les États-Unis sont maintenant du côté allié, l'Allemagne frappera probablement avant que la plupart des troupes américaines ne puissent arriver en France. La grande question est de savoir où ils vont attaquer exactement.

Quand la grosse poussée allemande survient le 21 mars 1918, ce n'est pas contre les Canadiens bien fortifiés, mais plutôt le long d'une section du front de 90 kilomètres, placée sous le commandement du général William Gough, le commandant britannique qui, selon Currie, a échoué à Passchendaele. Le premier jour, les Allemands écrasent les défenses britanniques et font 21 000 prisonniers. Le troisième jour, ils ont déjà repoussé les Britanniques de 20 kilomètres et se rapprochent d'Amiens et de la ligne de chemin de fer menant à Paris. L'objectif de l'Allemagne est de contrôler la France et elle pourrait bien réussir. Mais ce qui, au départ, semble une grande victoire s'avère la plus grosse erreur de l'Allemagne. Après que les Alliés réussissent à stopper l'avancée des Allemands, ceux-ci découvrent qu'ils sont incapables de continuer à envoyer des renforts et des approvisionnements à leurs lignes de front trop éloignées. Les Alliés commencent alors à les repousser; c'est ce qu'on appellera l'offensive des Cent-jours, une série de batailles dans lesquelles les Canadiens seront encore une fois les troupes d'assaut menant l'avancée.

L'OFFENSIVE ALLEMANDE DE MARS

Ypres
BRUXELLES
BELGIQUE
Vimy
Arras
Cambrai
Amiens
AVANCÉES ALLEMANDES
ALLEMAGNE
Chemin de fer Amiens-Paris
FRANCE
PARIS

(Ci-contre) Sur la ligne de front canadienne, des observateurs surveillent les mouvements de l'ennemi. **(À droite)** Une affiche de propagande encourage les citoyens allemands à donner « Tout pour la patrie, tout pour la liberté ».

« NE NOUS POUSSEZ PAS PLUS! »

Lieutenant Jean Brillant

Les Allemands sont découragés, mais ils n'abandonnent pas Amiens, et le combat du lendemain devient beaucoup plus dur. Face à une résistance farouche, les Canadiens prennent le village de Le Quesnel le matin du 9 août et poursuivent leur progression. Une fois encore, quelques hommes courageux sont prêts à attaquer l'ennemi tout seuls. Près du village de Méharicourt, un jeune lieutenant québécois, Jean Brillant, va de l'avant et capture une mitrailleuse qui tire sur son 22e Bataillon. Bien que blessé, il refuse les soins et mène une charge dans

laquelle 150 Allemands et 15 mitrailleuses sont capturés. Brillant est de nouveau blessé, mais il attaque ensuite un canon de campagne voisin. Il est blessé une troisième fois, mais continue à avancer avant de s'effondrer car il a perdu trop de sang. « C'est fini pour moi, dit-il à un officier subalterne. Prends la responsabilité de la compagnie. Je n'en ai pas pour longtemps. » Brillant mourra deux jours plus tard et on lui décernera la Croix de Victoria à titre posthume.

Les Canadiens avancent encore de 6 kilomètres le 9 août, mais 2 574 hommes sont tués ou blessés. Le lendemain, les renforts allemands arrivent et le combat devient désespéré. Après trois autres jours de conflit sanglant, les munitions des Alliés s'amenuisent et la plupart de leurs chars sont détruits. « Pour l'amour du ciel, arrêtez. Ne nous poussez pas plus. Nous allons être écrasés », supplie un soldat dans son journal.

Le 13 août, Arthur Currie et le commandant australien disent à Sir Douglas Haig que la bataille doit être arrêtée avant que les troupes ne soient « réduites en miettes ». À contrecœur, Haig accepte, mais il recommence aussitôt à planifier une attaque plus au nord. À Amiens, les Canadiens perdent 9 074 hommes, dont certains chefs extraordinaires comme Jean Brillant. La situation est encore pire pour les Allemands. Après Amiens, même le Kaiser Guillaume II le reconnaît : « Nous avons atteint la limite de nos capacités. » Mais pour lui, perdre la guerre est impensable, alors d'autres durs combats s'ensuivront.

Henry Norwest est un célèbre tireur d'élite canadien qui s'est fait tuer à Amiens. D'origine crie, Norwest est redouté par l'ennemi. Le 18 août, en tentant de débusquer un nid de tireurs d'élite allemands, Norwest est lui-même tué par une balle d'un tireur d'élite ennemi. Il fait partie des 4 250 soldats métis et membres des Premières Nations qui ont servi durant la guerre.

(Ci-dessus) Deux cavaliers escortant des prisonniers allemands passent devant des fantassins canadiens. À Amiens, 14 divisions allemandes ont été vaincues par les Canadiens et 9 311 soldats ont été faits prisonniers. (Ci-dessous) Cette mitrailleuse Spandau de 7,92 mm fait partie de plus d'un millier de mitrailleuses prises à Amiens.

UN VÉRITABLE BÉLIER

« Le Corps canadien est un véritable bélier avec lequel nous briserons la dernière ligne de résistance de l'armée allemande. » – Maréchal Ferdinand Foch, commandant en chef des forces alliées

À partir d'Amiens, Will Bird et son bataillon marchent toute la nuit en direction d'Arras, près de Vimy. Ils pensent pouvoir se reposer un peu là-bas, mais Will entend plutôt « un flot de rumeurs » sur ce que l'avenir pourrait leur réserver « [...] et les pessimistes [...] disent que ça sent mauvais ». Il s'avère que les pessimistes ont raison. Des attaques sont planifiées tout le long du front Ouest et les Canadiens sont choisis pour briser la position ennemie la plus fortifiée, la redoutable ligne Hindenburg. Pour l'atteindre, ils doivent d'abord se lancer, à partir d'Arras, dans une course d'obstacles meurtrière parmi les tranchées, les casemates, les batteries de canons et les champs de barbelés, tous défendus par des troupes allemandes aguerries. Arthur Currie est inquiet. Il demande à une division de soldats britanniques de se joindre à ses quatre divisions canadiennes. Et il décide de lancer son attaque au milieu de la nuit plutôt qu'à l'aube.

À 3 h du matin, le 26 août, les Allemands sont pris par surprise; à 7 h 40, les Canadiens prennent le village de Monchy. L'action devient plus intense, mais les chars aident à écraser les barbelés qui se trouvent sur leur passage. Au soir, ils ont avancé de près de 5 kilomètres et ont fait deux milliers de prisonniers. Le lendemain, alors que les Canadiens font une poussée en direction de la ligne de Fresnes-Rouvroy, les Allemands attaquent à partir des collines environnantes. Les hommes d'Arthur Currie sont durement touchés et il faudra encore quatre jours de combats, l'aide d'une artillerie lourde et l'envoi de renforts pour que la ligne Fresnes-Rouvroy soit prise.

Il reste la ligne Drocourt-Quéant, quasiment imprenable. Puisque c'est « l'épine dorsale de sa résistance, écrit Currie, le Boche se battra très fort. » Les Allemands font venir des renforts pour défendre la ligne D-Q, mais le 2 septembre, le Corps réussit une percée et la 1re Division va même jusqu'à écraser l'embranchement de Buissy, la position défensive principale au-delà de la ligne. Cette nuit-là, l'ennemi recule au-delà du canal du Nord. Pour Arthur Currie, l'enfoncement de la ligne D-Q est « l'un des plus beaux exploits de notre histoire ». Mais il lui en coûte 11 423 hommes. Et traverser le canal du Nord va être son plus gros défi.

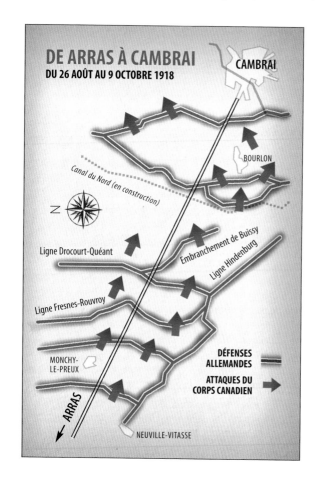

DE ARRAS À CAMBRAI
DU 26 AOÛT AU 9 OCTOBRE 1918

CAMBRAI

Canal du Nord (en construction)

BOURLON

N

Embranchement de Buissy

Ligne Drocourt-Quéant

Ligne Hindenburg

Ligne Fresnes-Rouvroy

MONCHY-LE-PREUX

ARRAS

DÉFENSES ALLEMANDES

ATTAQUES DU CORPS CANADIEN

NEUVILLE-VITASSE

« Les barbelés étaient denses [...] mais nos chars [...] les ont écrasés et nous ont fait un sentier parfait où marcher [...] Et ils avaient des casemates en acier sur lesquelles nos chars ont carrément roulé. »

– Soldat M. H. Timm, 21ᵉ Bataillon

(Ci-dessus) Les Canadiens montent dans des camions à Arras pour se rendre en première ligne. (Ci-dessous) Ils avancent en file indienne sous les bombardements allemands, à l'est d'Arras. (À droite) Les chars fournissent un soutien utile dans l'attaque sur la ligne Drocourt-Quéant.

LA TRAVERSÉE DE LA VALLÉE DE LA MORT

« **Mon vieux, pensez-vous** vraiment pouvoir le faire? » demande Julian Byng à Arthur Currie. Les commandants britanniques demandent au général Byng de faire entendre raison à Arthur Currie afin qu'il abandonne son plan risqué de prendre le canal du Nord. Sachant que le canal lui-même est une barrière presque infranchissable, il prévoit attaquer plus au sud, à travers une section du canal inachevée et sèche. Ses troupes pourraient traverser à cet endroit et se disperser vers l'extérieur, derrière les défenses allemandes, le long de la berge est du canal. C'est un plan compliqué : des milliers d'hommes doivent passer dans un passage étroit où ils peuvent être fauchés par les tirs ennemis. Byng dit à Currie que si son plan échoue, il sera congédié et renvoyé chez lui. Arthur Currie répond que ses hommes « livreront la marchandise ».

Pourtant, lorsque l'heure H approche au petit matin du 27 septembre, le lieutenant-général Currie est de plus en plus nerveux. « Il ne fait aucun doute que durant la guerre, nous n'avons jamais ressenti une telle anxiété, écrira le chanoine Frederick Scott. Les hommes doivent descendre un côté du canal, se ruer pour le traverser, puis escalader l'autre côté. Là, dans la boue et sous la pluie, épuisés et trempés jusqu'aux os, de jeunes Canadiens attendent de traverser la vallée de l'ombre de la mort. »

À 5 h 20, les premières lueurs de l'aube sont saluées par un barrage d'artillerie assourdissant. Puis les hommes des 1re et 4e Divisions descendent en masse, traversent le lit boueux du canal et escaladent tant bien que mal l'autre côté. Les Canadiens attaquent les Allemands avant même que ceux-ci puissent défendre leurs positions et font des centaines de prisonniers. La 1re Division vire au nord pour forcer les défenseurs à sortir le long de la berge, tandis que la 4e Division continue à déloger l'ennemi des hauteurs du bois de Bourlon. Et pendant que les balles sifflent, les ingénieurs canadiens commencent à construire un pont temporaire pour enjamber le canal.

L'imprenable ligne Hindenburg est bel et bien percée. Les généraux britanniques qui étaient tellement sceptiques envoient des félicitations à Arthur Currie. Mais celui-ci sait que lorsque les Allemands sont acculés, ils se défendent désespérément, et c'est ce qu'ils feront très bientôt.

(Ci-dessus) L'ancien supérieur d'Arthur Currie, Julian Byng (à gauche) l'interroge sur son plan d'attaque du canal du Nord. Les berges du canal (ci-contre, en haut à gauche) étant bien défendues, Arthur Currie décide d'attaquer en traversant une section sèche du canal (ci-contre, en bas). Les ingénieurs canadiens commencent à construire un pont enjambant le canal aussitôt après le barrage d'ouverture (ci-contre, en haut à droite).

L'ARRIVÉE DES LIBÉRATEURS

Quand les Canadiens entrent dans Cambrai le 9 octobre, ils trouvent la ville en flammes. « Les Boches ont volontairement mis le feu à cette belle ville », dira Arthur Currie, furieux. Certains de ses hommes essaient d'éteindre les flammes, tandis que d'autres pourchassent les Allemands qui battent en retraite. Cambrai étant reprise, le moral des Canadiens ne tarde pas à remonter. Arthur Currie peut désormais envisager la victoire avant la fin de l'année.

Mais la route vers Cambrai a été sanglante. Après le canal du Nord, l'ennemi lance tout ce qu'il lui reste contre les Canadiens. Depuis le départ d'Arras, le 26 août, le Corps a perdu 30 000 hommes : 4 367 tués, 24 509 blessés et 1 930 disparus. Comme l'écrira le soldat d'un des bataillons anéantis : « Chaque fois que je cherchais des visages familiers, je découvrais qu'ils avaient disparu. »

Être accueillis comme des libérateurs encourage les Canadiens qui avancent. Will Bird écrira : « Les habitants d'un village français étaient presque ivres de joie et les enfants couraient à nos côtés en criant "Bravo les Canadiens!" »

Alors qu'ils battent en retraite, les Allemands décident de résister à Valenciennes, une ville située près de la frontière belge. Ils inondent la majorité de la région en faisant exploser les digues du canal. La seule approche sèche vers la ville est bloquée par une colline bien défendue, le mont Houy. Le commandant britannique, le général Horne, décide que ses hommes prendront le mont Houy et que les Canadiens prendront ensuite la ville. Le 28 octobre, une division écossaise capture le mont Houy, mais elle est incapable de le conserver. Arthur Currie organise rapidement un barrage d'artillerie dévastateur et le 1er novembre, ses hommes s'emparent du mont Houy et entrent dans Valenciennes. Les citadins heureux organisent une cérémonie d'accueil, mais le général Horne insiste pour que les soldats britanniques mènent la parade et que les Canadiens suivent à l'arrière. Arthur Currie a du mal à contenir son indignation.

(Page ci-contre) Les soldats canadiens entrent dans Cambrai en flammes et (ci-dessus) traversent peu après une église détruite par les bombardements.
(À gauche) Le général britannique Henry Horne salue le maire de Valenciennes, tandis qu'Arthur Currie se tient en retrait.

Le matin du 10 novembre, le sergent-major de la compagnie lance :

— Bird! Préparez votre section sur-le-champ. Ordre de bataille!

— Qu'est-ce qui se passe? demande Will Bird, désormais sergent.

— Nous allons prendre Mons, répond le sergent-chef. Préparez vos hommes.

— Un instant, dit un soldat du peloton de Will. La guerre se termine demain et tout le monde le sait. C'est quoi ces histoires?

— Faites attention à ce que vous dites, rétorque le sergent-chef. Les ordres sont les ordres. Préparez-vous.

Will n'en croit pas ses oreilles. Une heure plus tôt, le sergent-major leur a dit qu'un armistice allait être signé le lendemain. Will a alors lancé un grand cri et a exécuté une danse guerrière avec Tom et Jim Mills, deux frères de son bataillon. Depuis des jours, ils sentent tous que la guerre tire à sa fin. Depuis qu'ils sont passés en Belgique le 6 novembre, ils voient des Allemands se rendre par milliers. Will a vu des femmes belges pourchasser et battre des soldats allemands, se vengeant ainsi de quatre années d'occupation terrible. En Allemagne même, la révolution couve.

Le 9 novembre, le Kaiser Guillaume II s'est enfui et a traversé la frontière pour s'exiler en Hollande. Et dans un train stationné dans une forêt du nord de la France, des représentants allemands sont en train de négocier les termes de la capitulation avec les officiels alliés.

LA PRISE DE MONS

**Des soldats en kilt du 42ᵉ Bataillon de Will Bird en marche.
(En médaillon) Un panneau allemand indique la direction de Mons.**

(Ci-dessus, à gauche) Un soldat ennemi se rend et (ci-dessus, à droite) deux Canadiens exhibent un drapeau allemand pris dans l'hôtel de ville de Valenciennes.

Et pourtant, les combats se poursuivent. Alors que Will fait aligner ses hommes, on les entend maugréer et jurer. Un soldat dit qu'ils devraient plutôt attaquer leur propre quartier général. Certains accusent leur commandant de rechercher la gloire. Arthur Currie veut en effet la gloire de prendre Mons. C'est là que les Britanniques ont subi leur première défaite le 23 août 1914. Et maintenant, les Canadiens vont avoir l'honneur de reprendre Mons. Mais Arthur Currie espère le faire sans trop de pertes.

Durant l'après-midi, alors que Will et son peloton traversent un champ à découvert, des obus allemands explosent soudain à côté d'eux. Will repère un bâtiment en brique de la

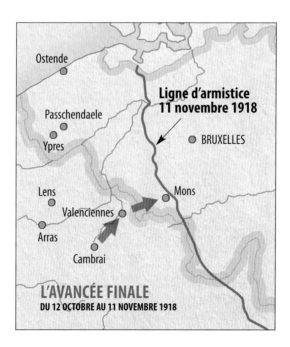

Ostende

Ligne d'armistice 11 novembre 1918

Passchendaele

Ypres

● BRUXELLES

Lens

Mons

Valenciennes

Arras

Cambrai

L'AVANCÉE FINALE
DU 12 OCTOBRE AU 11 NOVEMBRE 1918

taille d'un garage. Il s'y précipite avec quelques hommes à l'instant même où un énorme obus explose au-dessus d'eux. La force de l'explosion projette Will au sol.

— Il était dangereusement près celui-là, dit-il en se relevant tant bien que mal.

Derrière lui, Tom Mills s'écrie :

— Je suis touché!

Jim rattrape son frère alors que celui-ci s'effondre sur le sol.

« J'ai vu qu'il avait une blessure terrible au ventre, écrira Will plus tard. Il est mort pendant qu'on l'examinait. »

Jim Mills est fou de rage. Il ne peut pas croire que son frère est mort, alors que dans moins de 24 heures, la guerre sera finie.

11ᴱ MOIS, 11ᴱ JOUR, 11ᴱ HEURE

À 6 h 30 du matin, le 11 novembre, les premiers Canadiens entrent dans Mons. Ils réveillent les citoyens endormis en faisant cliqueter leurs baïonnettes sur les barreaux des soupiraux. C'est à ce moment-là qu'Arthur Currie est prévenu que toutes les hostilités cesseront à 11 heures. « Aucun tir après 11 heures! » est le message que l'on fait passer aux soldats.

Alors que cette heure approche, le soldat George Price de Moose Jaw, Saskatchewan, est assis au fond d'une tranchée de tir, dans un village à l'extérieur de Mons. D'une fenêtre voisine, une femme belge lui fait un signe de la main. George Price se lève d'un bond et court vers elle, espérant peut-être un baiser. Mais la balle d'un tireur d'élite l'atteint dans la poitrine et il meurt sur le coup à 10 h 58. C'est le dernier Canadien tué durant la guerre.

Soldat George Price

**(Ci-dessus, à gauche) Des cornemuseurs canadiens défilent dans les rues de Mons le 11 novembre en direction de la Grand-Place où la foule attend.
(Ci-dessus, à droite) À cheval, le général Currie fait le salut militaire au passage de ses hommes.**

À peine quelques instants plus tard, en kilt, des cornemuseurs canadiens mènent le défilé vers la place principale de Mons. Ils sont accueillis par des acclamations délirantes et de nombreuses embrassades. Cependant, Will Bird rate les célébrations. En effet, il essaie de contrôler Jim Mills. Celui-ci est si furieux qu'il veut tuer le général Currie ou toute personne responsable de la mort inutile de son frère. Un officier conseille à Will de soûler Jim jusqu'à ce qu'il ne se souvienne de rien. Will confie Jim aux soins de son ami Tommy, pendant qu'il rédige un rapport détaillé de la mort des deux hommes de son peloton tués sur la route de Mons. Puis, il se fraie un chemin dans les rues bondées pour rejoindre Tommy et apprend que Jim Mills est allongé dans une cave voisine aussi soûl qu'une grive.

Peu de temps après, un couple de personnes âgées crie « Canada! » et le salue de la main depuis le seuil de leur petite maison. Ils l'invitent à venir manger un repas copieux de soupe aux légumes, de pain et de fromage.

Will est tellement épuisé qu'il s'endort à table. Le vieil homme belge l'aide à se mettre au lit. Quand Will se réveille, il fait nuit. Ses hôtes remplissent une baignoire en étain pour lui. Pendant qu'il se rhabille après le bain, un bruit provenant d'une grande armoire attire son attention. Il ouvre la porte et découvre un soldat allemand accroupi au milieu d'un tas de vêtements. Il doit avoir 18 ans et il tremble de peur. Will le relève et prend dans l'armoire un long manteau bleu et une casquette d'ouvrier. Le jeune Allemand enfile les vêtements civils par-dessus son uniforme et sans dire un mot, Will l'accompagne jusqu'à la porte d'entrée.

« *Kamerad!* » dit l'Allemand. Il serre la main de Will et part discrètement dans la nuit.

« CE N'EST PAS LA PAIX. »

Un soldat heureux crie « On rentre chez nous! »

à Will Bird à Mons, le 11 novembre. Toutefois, il faudra compter plusieurs mois avant que l'on permette aux Canadiens épuisés par les combats de retourner chez eux. Les 1re et 2e Divisions sont envoyées en Allemagne pour se joindre aux forces d'occupation. Will Bird et son bataillon retournent en Angleterre et finissent par embarquer pour Halifax en mars. Les derniers Canadiens ne seront pas rentrés chez eux avant août 1919.

Quand un jeune soldat allemand nommé Adolf Hitler entend la nouvelle de l'armistice le 11 novembre, il pleure et jure de venger la honte faite à sa patrie. Dans le Traité de Versailles qui met officiellement fin à la guerre le 28 juin 1919, on confisque à l'Allemagne certains de ses territoires et on la force à payer de lourdes réparations aux vainqueurs. En lisant le traité, le maréchal Foch, commandant suprême des forces alliées, dit : « Ce n'est pas la paix. C'est un armistice de vingt ans. »

Le Monument commémoratif canadien de Vimy.

Les mots de Foch se révèleront prophétiques. Le ressentiment de l'humiliation de l'Allemagne aidera à porter Adolf Hitler et son parti nazi au pouvoir en 1933. Quand les forces d'Hitler envahiront la France en 1940, il exigera que la capitulation soit signée dans le même wagon que celui où a été scellée la défaite allemande en 1918. Hitler fera aussi un tour de la victoire autour du monument de guerre érigé sur la crête de Vimy… mais il ne le détruira pas, comme le craignaient certains Canadiens.

Aujourd'hui encore, ce monument commémoratif d'un blanc éclatant, rend hommage à plus de 66 000 Canadiens qui sont morts durant la « guerre qui devait mettre fin à toutes les guerres ». La statue d'une femme en larmes domine la plaine de Douai, symbolisant une jeune nation qui pleure la perte de ses fils et de ses filles. C'est un lieu profondément émouvant qui illustre le sacrifice énorme du Canada, la valeur de ses soldats et l'horreur de la guerre.

(Ci-dessus) Les hommes du 42e Bataillon de Will Bird embarquent sur le navire à vapeur *Adriatic* pour retourner chez eux en mars 1919.

GLOSSAIRE

artillerie : gros canons qui tirent des obus explosifs et qui peuvent aussi contenir des balles, des gaz toxiques ou de la fumée.

barrage roulant : avancée de l'infanterie organisée derrière une ligne de tir d'artillerie mobile (roulante).

bivouac : abri improvisé pour les soldats.

Boche : nom péjoratif utilisé pour désigner l'ennemi allemand. On disait aussi « Fritz ».

bolchévique : parti radical mené par Vladimir Lénine, qui a pris le pouvoir en Russie en 1917 et a formé par la suite l'État appelé l'Union soviétique.

caillebotis : planches de bois posées au fond des tranchées pour servir de passages.

casemate : fortification en béton dotée de trous par lesquels on peut tirer sur l'ennemi avec une mitrailleuse.

crassiers : grands amoncellements de déchets de charbon laissés par l'exploitation des mines.

éclats d'obus : fragments de métal contenus dans les obus explosifs et petites balles contenues dans les obus d'artillerie.

Fritz : voir Boche.

gaz moutarde : gaz toxique de couleur brun-jaune qui provoquait des cloques graves sur la peau et les poumons et pouvait aveugler ou tuer.

havresac : grand sac de toile pouvant contenir les articles personnels d'un soldat, tels que des chaussettes, un manteau militaire, une gourde ou une gamelle.

infanterie : soldats entraînés pour combattre à pied.

kamerad : mot allemand signifiant « camarade » ou « ami ».

peloton : la plus petite unité militaire; elle comprend de 32 à 48 hommes et des officiers. Dans le Corps canadien, 4 pelotons formaient 1 compagnie et 4 compagnies, 1 bataillon. Une brigade comprenait 4 bataillons et 1 division comprenait 3 brigades.

phosgène : gaz toxique incolore et mortel ayant une odeur d'herbe fraîchement coupée qui faisait tousser les victimes et les asphyxiait.

saillant : position militaire qui avance en terrain ennemi.

tireur d'élite : tireur habile capable d'abattre les soldats ennemis à partir d'un emplacement caché. On dit aussi « tireur embusqué ».

INDEX

Les numéros de pages en italiques renvoient aux illustrations ou aux cartes.

LECTURES RECOMMANDÉES

La bataille de Vimy
de Hugh Brewster
Éditions Scholastic
Un ouvrage qui va de pair avec ce livre.

Le soldat inconnu
de Linda Granfield
Éditions Scholastic

Le débarquement à Juno
de Hugh Brewster
Éditions Scholastic

**Au Canada
Prisonnier à Dieppe**
de Hugh Brewster
Éditions Scholastic

Sites Web
Le Musée canadien de la guerre et **Bibliothèque et Archives Canada** offrent beaucoup d'informations au sujet de la Première Guerre mondiale.

REMERCIEMENTS

J'aimerais souligner l'expertise de l'historien Tim Cook et le remercier pour son excellente révision du texte et de la mise en pages, ainsi que pour ses superbes livres au sujet de la Première Guerre mondiale. Un merci particulier à Gordon Sibley pour son excellente conception graphique et ses cartes; à Tom Deacon pour les lettres et les photos de son grand-oncle; à Sharif Tarabay pour ses illustrations de soldats; à mon partenaire Phillip Andres pour son aide et la photographie pendant la recherche sur le front Ouest; aux Archives et musées qui ont fourni les images et à ma très patiente éditrice chez Scholastic Canada, Sandra Bogart Johnston.

À PROPOS DE L'AUTEUR

Hugh Brewster est l'auteur de quatre livres primés au sujet de Canadiens au combat. Il a reçu le *Information Book Award* en 2005 pour son ouvrage *Le débarquement de Juno* et le prix Norma Fleck dans la catégorie « Canadian Children's Non-Fiction » pour *La bataille de Vimy* en 2008. En 2009, le *Globe and Mail* a qualifié l'ouvrage *Dieppe : La journée la plus sombre de la deuxième guerre mondiale* de « simplement superbe ». Hugh Brewster a aussi remporté le prix Hackmatack 2012 pour son roman *Prisonnier à Dieppe* de la collection *Au Canada*. Il a aussi écrit ou coécrit une dizaine d'autres livres pour enfants et pour adultes. Il est un conférencier prisé par les écoles et les bibliothèques.

RÉFÉRENCES PHOTOGRAPHIQUES

Les cartes et les schémas sont de Gordon Sibley. Tous les portraits en couleurs des soldats sont de Sharif Tarabay.

Collection de l'auteur : Couverture et p. 1 (badge); p. 2 (de *Ghosts Have Warm Hands*); p. 12 (à droite); p. 15 (en haut, à gauche); p. 19 (en haut, à droite) et grenade; p. 22 (en bas); p. 27 (tirée de *The Great War As I Knew It*); p. 29 (en bas, complètement à droite); p. 46 (à droite).
Bundesarchiv : p. 13 (en bas) Bild : 183-R05148; p. 26 (à droite) Bild : R22888
Musée canadien de la guerre : Tableaux provenant de la collection d'art militaire Beaverbrook. Page de couverture : *À l'assaut - Neuville-Vitasse* d'Alfred Bastien, MCG 19710261-0056; p. 7 (en haut, à droite) MCG photos 1469a; p. 9 (en haut) *Lieutenant général Sir Arthur Currie* de Sir William Orpen, MCG 19710261-0539; p. 13 (en haut) MCG 19780067; p. 16 *Artilleurs dans la boue, Passchendaele* d'Alfred Bastien, MCG 19710261-0093; p. 35 (en bas) MCG 19880212-027; p. 42 (en médaillon, en haut) MCG 19390001-927.
David M. Rubenstein Rare Book & Manuscript Library, Duke University : p. 6 (partition).
Electrotherapy Museum : p. 26 (à gauche).
Imperial War Museum : *Le saillant d'Ypres la nuit* de Paul Nash, IWM ART 1145; p. 22-23 *The Harvest of Battle* de C. R. W. Nevinson, IWM ART 1921; p. 25 (en bas, à droite) *Le dernier message* de Fortunino Matania, IWM ART 5192.
Bibliothèque et Archives Canada : Tous les numéros sont des numéros d'enregistrement Mikan. Page de couverture (en médaillon, soldats) 3404743; page de garde, (début) 3522043, (fin) 3404743; p. 4 (en médaillon, en bas) 3404765; p. 5 : 3192998; p. 7 (à gauche) 3395847; p. 9 (en bas) 3404516; p. 10 : 3195150; p. 11 (en haut, à droite) 3395589; p. 15 (en bas) 3404878; p. 17 (en bas, à gauche) 3522043; p. 20 : 3233069; p. 21 (en bas) 3380990; p. 22 (Papineau) 7902; p. 24 : 3329056; p. 25 (en haut, à gauche) 3397881; p. 28 (en haut, à gauche) 3384449, (en haut, à droite) 3522190, (en bas) 3667289; p. 29 (en haut, à droite) 3522922, (en bas, tout à gauche) 3194831, (2e à partir de la gauche) 3522927 (3e à partir de la gauche) 3522926, (2e à partir de la droite) 3522919; p. 30 : 3395600; p. 32 (en haut) 3643060, (en bas) 3395384; p. 33 (en haut, à gauche) 3395390; (en haut, à droite) 3522240, (en bas, à droite) 3395367; p. 35 (en haut) 3239910; p. 37 (en haut) 3404834, (au centre) 3404585, (en bas) 3194820; p. 38 : 3404870; p. 39 (en haut, à gauche) 3329289, (en haut, à droite) 3194494, (en bas) 3329287; p.40 (en haut) 3520999, (en bas) 3194945; p. 41 (en haut) 3403971, (en bas) 3397435; p. 42 (image complète) 3355935; p. 43 (en haut, à gauche) 3403198, (en haut, à droite) 3397966; p. 44 (en haut, à gauche) 3522363, (en haut, à droite) 3522364; p. 45 (à droite) 3522365; p. 46 (à gauche) 3522989; 4e de couverture (photo du char d'assaut) 3404585, (affiche) 2897699.
Library of Congress Prints and Photographic Archive : p. 31 (en haut, à droite), (affiche en bas).
Collection Tom Deacon : p. 4 (image complète); p. 6 (image complète); p. 11 (en haut, à gauche); p. 15 (en haut, à droite); p. 17 (à droite); p. 25 (en haut, au centre et à droite).
McGill University Library – Livres rares et collections spéciales : p. 33 (affiche en bas et 4e de couverture).

Production de Whitfield Editions
Conception graphique de Gordon Sibley

Catalogage avant publication de Bibliothèque et Archives Canada

Brewster, Hugh
[From Vimy to victory. Français]
De Vimy à la victoire : le combat du Canada durant la Première Guerre mondiale / Hugh Brewster ; texte français de Claudine Azoulay.

Traduction de: From Vimy to victory.
ISBN 978-1-4431-2462-1 (couverture souple)

1. Guerre mondiale, 1914-1918–Récits personnels canadiens–Ouvrages pour la jeunesse. 2. Currie, Arthur, Sir, 1875-1933–Journal intime–Ouvrages pour la jeunesse. 3. Guerre mondiale, 1914-1918–Canada–Ouvrages pour la jeunesse. 4. Canada. Armée canadienne–Histoire–Guerre mondiale, 1914-1918–Ouvrages pour la jeunesse. I. Titre. II. Titre: From Vimy to victory. Français.

D640.A2B7414 2014   j940.4'8171
C2013-908367-7

Édition publiée par les Éditions Scholastic, 604, rue King Ouest, Toronto (Ontario) M5V 1E1

5 4 3 2 1   Imprimé en Malaisie 108   14 15 16 17 18